1 YEAR DIARY
다시, 시작하는 1년 다이어리

초판 1쇄 발행 2019년 9월 10일

지은이 1년 살기 프로젝트 팀
발행인 송현옥
편집인 옥기종
펴낸곳 도서출판 더블:엔
출판등록 2011년 3월 16일 제2011-000014호

주소 서울시 강서구 마곡서1로 132, 301-901
전화 070_4306_9802
팩스 0505_137_7474
이메일 double_en@naver.com

ISBN 978-89-98294-67-0 (03320)

1 YEAR DIARY

다시, 시작하는 1년 다이어리

1년 살기 프로젝트 팀 지음

누구든지 어떤 형식과 행동으로 1년을 살아도 상관없습니다.

언어를 마스터해도 좋고,

운동을 통해서 몸짱이 되어도 좋습니다.

단, 가슴 뛰는 무언가를 스스로 정한 후,

1년이라는 긴 시간을 활용해보는 것입니다.

1년이라는 시간이 누군가에게는 몸값이 변할 수 있는

시간이고, 누군가에게는 삶을 대하는 태도가 바뀌는

충분한 시간이기 때문입니다.

단, 한 가지 조건!!!

1년 완주하기!

파란 하늘에 하얀 구름이 뭉게뭉게 피어납니다.
뭘 그리 바쁘게 살았는지 위를 쳐다볼 새도 없이
종종걸음으로 살았습니다.
그 사이에 제 얼굴은 다크써클과 주름을 얻었고,
마음은 걱정을 얻었습니다.
세월 앞에 장사는 없다지만 새삼 억울했습니다.
이렇게 파란 하늘을 언제 봤는지 기억이 나지 않을 때
'1년 살기'를 만났습니다.

세월은 모래성 같아서 쉽게 허물어지지만,
내 주먹 안에 한 움큼 잡히기도 합니다.
우리 시간도 그런 것 같습니다.
모래에 물을 붓듯 관심을 쏟아주고, 손으로 톡톡 다지듯
계획을 세워주면 단단해져 힘을 가집니다.
'1년 살기'도 모래성을 만들 듯 그렇게 시작하면 됩니다.

처음에는 내 마음을 열심히 들여다봅니다.
내가 좋아하는 것, 싫어하는 것만 끼적여봐도 충분합니다.

그 다음은 하루에 한 번, 일주일에 한 번, 한 달에 한 번
나에게 질문을 합니다. 계획도 세워봅니다.
1년 동안 무엇을 할지, 한 달 동안 무엇을 할지
그러다 보면 자연스레 남들과 다른 나만의 1년이
만들어집니다.

《1 YEAR DIARY》는 같은 작가 팀이 집필한 《다시, 시작합니다》
도서를 읽고 시작하시면 더욱 재미있고 의미가 있을 것입니다.

어렵다면 어렵고, 쉽다면 쉬운 이 여정에
당신과 함께하게 되어 기쁩니다.
이 다이어리에 당신의 이야기가 가득 찰 때쯤
파란 하늘을 활짝 웃는 얼굴로 마주하는 당신을
기대해봅니다.

이 다이어리와 함께하는 동안만이라도
항상 당신께 미소가 가득하기를…

2019년 여름 '1년 살기' 프로젝트 팀 드림

🌸 《1 YEAR DIARY》 사용법 •————————————

우리는 해마다 12월에 새로운 다이어리를 준비합니다.

쓰는 목적에 따라 그에 맞는 다이어리를 구매하고

1년을 보내고 나면,

매달 빼곡히 적어둔 달력 페이지와 함께

지난 1년 열심히 살았던 나의 생활이 기록으로 남겨집니다.

과연 그 1년의 기록 안에서

여러분은 어떤 성장을 하셨습니까?

소망하고 계획한 것은 이루셨습니까?

이런 질문에서 '1년 살기 다이어리'는 시작되었습니다.

지금 이루고 싶은 것, 바꾸고 싶은 것,

3년 뒤 혹은 5년 뒤의 목표를 위해 지금부터 해야 할 것과

진심으로 하고 싶은 것을

매달 기록하고 반성하는 다이어리를 만들어보면 어떨까?

1년 살기 프로젝트는

나만의 목표를 가지고 미친 듯 열심히 살아보기 위해

1년의 계획을 세우고

매달 그것들을 이루기 위한 세부 계획들을 세웁니다.

중요한 포인트는 한 달이 지난 후 반성하는 시간을 갖고

목표와 계획을 수정하거나 보완하는 데 있습니다.

1년 살기 다이어리는 1년 살기 프로젝트와 연결되어 있습니다.

예전 같으면 작심삼일로 끝나던 목표들을

매달 계획과 반성을 적어가면서

스스로 변화와 성장을 눈으로 확인할 수 있도록 제작되었습니다.

중요한 것은 이 기록의 여정은 1월이 아니라

당신이 마음먹은 그 시점부터 시작된다, 라는 것입니다.

다음의 사용법에 따라 1년 동안

당신이 원하는 바와 변화한 것 그리고 노력한 것들을

차근차근 기록하시길 바랍니다.

마지막으로 1년 뒤 오늘,

작년의 나에 비해

'얼마나 성장했는가'를 직접 확인하세요!

꿈꾸는 당신을 응원합니다!

1. 시작하기

다이어리를 시작하기에 앞서 '1년 살기' 프로젝트에 대한 이해가 필요합니다. 계획의 성공 여부에 집착하기보다는 실패하는 원인과 보완할 점에 포커스를 맞추시길 바랍니다. 그리고 시작하면서 함께 진행할 수 있는 꿈동지들을 만나시길 제안합니다. 혼자서 가는 것보다 여럿이서 함께할 때 나오는 에너지를 경험해보세요.

2. 나만의 버킷리스트 적기

1년 계획을 세우기 전에 인생의 버킷리스트를 적어봅니다. 큰 꿈을 먼저 정리해보고 계획을 세우고 실행해야 가끔 생기는 생활의 변수들에 대해 대응하면서 계획을 수정하고 보완할 수 있습니다.

3. 1년 계획과 월별 계획 세우기 그리고 리뷰

1년 동안 계획을 세우고 리뷰하는 가이드를 따라 꼼꼼히 읽으시면서 진행해보세요. 계획들은 여러분 자신과의 약속입니다. 계획 이외의 것들에는 일상의 사소로운 일들처럼 흘려보내셨으면 좋겠습니다. 이번 1년 동안만은 오로지 나에게 집중하는 시간들을 많이, 자주, 가지세요. 그것이 변화의 시작입니다.

4. 나에게 하는 질문

1년 살기 다이어리의 매력은 한 달에 한 번 '나에게 하는 질문'에 있습니다. 매달 총 4개의 질문으로 구성되어 내가 이제까지 잊고 지냈던 것들 혹은 미래를 위한 나의 생각에 대해 묻습니다. 답을 적어가다 보면 현재 나의 마음상태를 알게 되고, 내가 추구하는 것들에 대해 발견할 것입니다. 이 모든 질문과 답은 1년을 마친 후에 다시 새로운 1년의 목표를 위한 거름이 될 것입니다.

5. 1년 살기를 위한 여정 - 다시 1년

1년 동안 계획적으로 살기 위해 고군분투하였던 당신이라면 분명 한 해 리뷰를 적으며 예전과는 다른 보람을 느끼시리라 믿습니다. 또한 1년을 알차게 보냈던 자신감으로 다음 해에는 더욱 간절하고 뚜렷한 목표를 세울 수 있을 것입니다. 작은 목표와 큰 목표들이 모여 결국 당신이 꿈꾸던 삶으로 안내할 것이라 믿습니다.

- 정리: 오현정

CONTENTS

1 YEAR DIARY

어느 날 밤, 진저리치게 현실 같았던 꿈을 꾸었습니다. 의사가 저를 보며 머뭇거리며 이렇게 말했어요. "췌장암 말기입니다. 두 달 남은 삶을 정리해주세요."라고.
정확한 병명과 그걸 말할 때 씰룩거렸던 입 주변의 주름도 기억이 납니다. 얼마나 울었던지 꿈에서 깨서도 한참을 어깨를 들썩였습니다.
그리고 생각했습니다. 정말 내가 살아갈 시간이 얼마 남지 않았다면, 난 무엇을 가장 하고 싶을까, 어떤 것을 가장 후회하고 있을까.

그렇게 처음으로 나만의 꿈 모음 - 버킷리스트를 작성했습니다. 그리고는 몇 주 뒤, 부모님을 모시고 가족 여행을 떠났고, 몇 달 뒤, 딸과 단둘이 해외 배낭여행을 갔습니다. 글쓰기를 시작했고, 출판했습니다.

여행. 가족. 글.
나의 인생 키워드를 찾게 되었어요.

영화 속, 현실 속 버킷리스트

꿈만장자로 유명한 존 고다드. 그는 열다섯 살 때 할머니가 "젊었을 때 뭘 했더라면" 하고 후회하는 말을 들으며, 자신은 그런 후회를 하지 않겠다고 다짐하며 자신만의 '꿈의 목록' 127개를 적습니다. 윗몸일으키기 200회 등의 작은 꿈들부터 킬리만자로 등반, 비행기 조종하기 같은 큰 꿈들까지. 차근차근 이루면서 세계에서 가장 유명한 탐험가의 꿈을 이루게 됩니다.

실화를 다룬 영화 〈뚜르, 내 인생 최고의 49일〉에서, 26살 희귀암 말기 판정을 받은 고 이윤혁 씨, 그는 자신의 버킷리스트 중의 하나인 사이클 대회 '투르 드 프랑스'에 도전하기 위해 항암 치료를 중단하고 프랑스로 떠납니다. 그는 폭염과 높은 언덕을 이겨내고 3500km를 달려갑니다.

24살에 난소함 3기 판정을 받은 유튜버 조윤주 씨, 항암이 재발되면서 모든 걸 다 포기하고 싶었던 순간, 살고 싶어서 버킷리스트를 적기 시작합니다. 처음 쓴 두 가지 리스트는 자동차 사서 자동차 극장에서 영화보기, 스쿠버다이빙 자격증 따기였는데 달성했습니다. 다음 목표는 패러글라이딩 타기. 이를 이루기 위해 하루하루를 의미 있게 보내고, 사람들과 소통하며 힘을 주는 존재로 살고 싶어 합니다.

《멈추지 마, 다시 꿈부터 써봐》의 저자, 꿈쟁이 김수영은 12년간 70개국을 다니며 이뤄낸 83가지의 꿈을 자신의 블로그에 소개했습니다. 그녀는 자신의 꿈을 Lifestyle(인생의 두 번째 1/3은 전 세계를 돌아다니면서), Accomplishment(한 분야의 전문가 되기), Family(고향에 부모님 집 사드리기), Creative(감동이 있는 소설 쓰기), People(전 세계 곳곳의 훈남과 데이트하기), Adventure(열기구 타고 세계여행), Comunity(장기기증), Health(농장에서 유기농 야채 길러먹기) 등으로 나누고, 목표기한과 중요도, 진행중 - 성공여부, 시작년도 등으로 구분했습니다. 이렇게 체계적으로 작성하면 우선순위가 잡히고 계속적인 성찰이 가능하며, 균형 있는 삶의 목표를 세울 수 있습니다.

버킷리스트의 힘

버킷리스트를 일회적으로 쓰면 효과가 미미합니다. 항상 꿈 목록을 눈에 띄는 곳(침대 머리맡, 화장실 변기 맞은편도 좋습니다)에 붙이거나, 매일 가지고 다니는 다이어리에 붙여보세요. SNS에도 올려 나의 꿈을 공표하고 많은 사람들과 나누면 그 힘은 강해집니다. 꿈은 생각할수록 뚜렷해지기에 꿈 목록을 매일 읽고, 자신이 꿈을 이룬 모습을 구체적으로 상상합니다. 요새는 위싱노트, 버킷노트 같은 어플을 잘 활용할 수 있습니다. 완료한 것, 남은 것, 기한도 체크할 수 있고, 꿈을 종류별로 묶을 수도 있습니다.

그저 버킷리스트를 쓰는 행위 그 자체가 위로가 되기도 합니다. 기록의 위력은 제법 큽니다. 적는 것만으로도 큰 효과가 있습니다. 하고 싶은 일을 생각하면 행복함이 차오르고, 해낼 것 같은 기대감으로 가슴이 부풉니다. 이뤄진 모습을 상상하면 기분이 좋아지고 힐링이 됩니다. 죽기 전에 꼭 하고 싶은 일을 미리 생각해보고 실천하는 것은 갑작스런 이별의 순간에도 후회하지 않기 위해 우리가 할 수 있는 최선의 행위입니다. 작고 사소한 것부터 시작하다 보면, 우리는 우리의 평범한 일상을, 내 주변 사람을 당연시하지 않고 더 귀하게 여기게 됩니다.

버킷리스트를 통해 현재와 미래를 그릴 수 있습니다. 현재야말로 가장 정직한 미래라고 합니다. 미래의 내가 원하는 삶을 그리고, 그 삶을 위해 고민하고 실천하는데 집중하다 보면, 주변의 갖가지 장애물이 크게 보이지 않게 됩니다. 꿈 목록을 만들고, 그 꿈을 하나씩 성취하는 짜릿함을 느끼는 오늘이 계속 되면, 후회하지 않을 미래가 만들어집니다. 하고 싶은 일을 구체적으로 생각하게 되고, 목표를 달성하는 데 큰 힘이 됩니다. 나의 삶을 되돌아봤을 때 내 삶의 사진첩이 되어주고, 앞으로 나아갈 나침반이 되어줍니다.

버킷리스트의 기본은 내 삶 자체가 되어야 합니다. 타인의 시선에 상관없이, 내가 진실로 원하고 꿈꾸는 삶이 적혀야 합니다. 독서하기, 다이어트, 아침에 일찍 일어나기 등의 꾸준히 해나가야 할 목록은 함께 해나가면 더욱 나아가기 쉬워집니다. 혼자 작성하고 피드백하는 것도 분명 효과가 있겠지만 함께하는 힘은 생각보다 크답니다.

- 정리: 이지영

* 나만의 버킷리스트를 적어보세요 *

- 체중 10kg 감량

- 보라카이 해변에서 비키니 입어보기

- 자전거 타고 제주도 일주

- 부모님과 해외여행 떠나기

- 미슐랭 3스타 레스토랑에서 저녁식사

- 내 이름으로 된 책 출판

- 1년에 책 100권 읽기

- 유튜브 구독자 1만명 넘는 채널 만들기

- 장롱 면허 탈출하기

- 5년안에 1억 만들기

- 내집 마련하기

-

☙ 1년 계획 세워보기 ● ——————————————

♥ 1년의 계획을 세울 때는 좋아하는 잔잔한 음악을 틀고 차나 커피 향초 등을 준비하면 좋습니다. 카페나 혼자만의 여행 등 새로운 장소로 가는 것도 도움이 됩니다. (개인적으로 저는 연말에 혼자 부산에 가서 저녁노을이 질 무렵, 바다가 보이는 호텔에서 계획을 세운 적이 있었는데 평소 내가 가지고 있던 한계에서 벗어나 확장되고 유연한 마음으로 자신감 있게 목표를 세우고 실천 항목 등을 만들 수 있었습니다)

♥ 그리고 계획을 세우기 직전에 동기부여를 해주는 자기계발서나 자신만의 인생책 한 권을 단 몇 장이라도 (이미 읽은 책이라면 표시해놓은 부분만) 읽으면 열정과 의욕이 생겨날 것입니다.

♥ 1년의 계획에 따라 열심히 생활했다면 나에게 어떤 보상을 할지 즐거운 상상을 하며 1년 살기 다이어리에 관련사진을 붙이면 중간중간 찾아오는 슬럼프를 극복하는데 도움이 됩니다. (가고 싶은 여행지, 가방이나 지갑 화장품 등 갖고 싶은 물건 등)

♥ 자신의 인생목표와 중요하게 생각하는 가치를 정리합니다. 매

해 달라질 수도 있습니다. 장기계획 3~5년의 목표가 있다면 1년 계획을 세우는 데 많은 도움이 됩니다.

예시)   - 최고의 취업채용 전문가 멘토로 성장하기

          - 아이에게 자랑스러운 엄마가 될 수 있도록 열심히 사는 뒷모습 보여주기

♥ 1년 동안 꼭 이루었으면 하는 목표들의 목록을 정리합니다.

예시)   - 적당한 근육량의 건강한 48kg 몸 만들기, 책 한권 쓰기

          - 코칭자격증 취득하기, 가족을 위해 건강한 밥상 만들기

♥ 목표 목록이 작성되면 해당 목표를 이루기 위한 실천 항목들을 나열해 봅니다

예시)   **적당한 근육량의 건강한 48kg 몸 만들기**

          헬스장 등록, 동네 한 바퀴 뛰기, 매일 푸쉬업 5개 하기

          책 한권 쓰기

          책쓰기 관련책 읽기, 책쓰기 강의 등록하기, 쓰고 싶은 내용 구상하기, 취재하기

코칭자격증 취득하기

코칭아카데미 검색하기, 강의 등록하기, 코칭 관련책 읽기, 유튜브 구독하기

가족을 위해 건강한 밥상 만들기

집밥, 건강 관련책 읽기, 관련 다큐 보기, 유기농매장 알아두기, 식품보관방법 공부하기

♥ 이제 각 목표와 달성하기 위한 실천방안들을 월별 계획에 구체적으로 배분하고 각 월별 계획으로 세분화합니다.

- 정리: 유해주

예시

나의 1년 계획 (기간   19.9-20.8   )

〈 체중 10kg 감량! 건강한 몸 만들기 〉
- why?   경도비만 탈출!
- How?   식단관리 + PT운동 → 바디프로필 찍기
- 보상?   8월 보라카이 여행 (비치에서 비키니 입고 써니탠!)

〈 책 100권 읽기 〉
- why?   훗날 작가가 되기 위한 지녁 쌓기
- How?   한달에 책 10권 이상 읽기
- 보상?   나를 위한 선물 하나 사기!

〈 1년에 1,200만원 모으기 〉
- why?   내집마련을 위한 종자돈 모으기
- How?   한달에 100만원씩 적금 + 생활비 절약
- 보상?   생활비 中 자기계발비 예산 10% 증액

〈 장롱 면허 탈출하기 〉
- why?   두 아이와 좀더 자유로운 외출 가능
- How?   매일 주차, 주행연습
- 보상?   맘에 드는 카링 사기

23

1년 목표 세분화하기

1년 목표를 세운 후에는, 이것을 반기(상반기/하반기) / 분기
(1,2,3,4분기) / 월별(1~12월)로 세분화해봅니다. 월 목표는 다시
주간/일간 계획으로 쪼개서 기록합니다.

기간과 할당량을 쪼갤수록 부담이 적어 목표를 달성할 가능성이
높아집니다. 단기 목표가 생기면 스스로 노력한 부분을 피드백하
는 주기도 짧아지기 때문에 목표 달성에 효과적입니다. '1년에
12kg 감량'이 목표라고 했을 때, 한 번에 12kg를 빼긴 어렵지만, 매
월 1kg씩 감량하는 것으로 월 계획을 세우고, 매주 250g씩, 매일
36g씩 뺀다고 생각하면 쉽게 시작할 수 있지요.

1년 목표에 따른 하위 목표는 테마별로 묶어 세분화합니다. 예를
들어 1년 목표가 〈인사평가 상위 10% 내에 드는 에이스 직장인 되
기〉라면 〈보고서 작성〉 〈영업 스킬 향상〉 〈직장 내 평판 관리〉 〈업
무 관련 자기계발〉 등 다양한 하위 목표를 만들 수 있습니다. 하위
목표별로 다시 구체적인 실행 계획을 만들고, 월별로 관리하면 어
느새 1년 목표에 근접한 나를 발견할 수 있을 것입니다. '티끌 모

아 태산'이라는 말은 저축에만 해당되는 것이 아닙니다. 시간과 노력도 조금씩 모으다 보면 나의 미래도 태산처럼 달라질 것입니다.

성격에 따라 목표의 세기 조절하기

자신을 푸쉬! 할수록 좋은 결과가 나타나는 사람은 목표를 좀 더 과하게 잡아도 좋습니다. 항상 자신의 역량의 120%에 달하는 목표를 세우고, 열심히 달려 100%를 달성하는 사람도 있습니다. 100%의 목표를 세우면 80%밖에 달성하지 못할 수도 있지요. 어떤 사람은 너무 과한 목표를 세우면 제풀에 지쳐 중도에 포기해버릴 수도 있습니다. 이런 경우에는 과도한 목표보다는 작고 쉬운 목표부터 시작해 자신감을 찾고, 좀더 큰 목표에 도전하면 됩니다. 자신의 성향에 따라 목표의 강도를 잘 조절할 필요가 있습니다.

〈매일 물 1.5리터 이상 마시기〉처럼 빼먹지 않고 꾸준히 해야 달성되는 목표가 있고, 〈한 달에 1번 아이와 데이트하기〉처럼 한 번 실행으로 완성되는 목표가 있습니다.

1년 살기를 해보니 매일 꾸준히 해야 하는 목표가 더 달성하기가

힘들더군요. 두 종류의 목표를 적당히 안배하여 월 계획을 세우면 좋겠습니다.

왜 목표를 달성해야 하는지 생각하기

어떤 목표를 설정한 데에는 저마다의 이유가 있을 것입니다. 내가 무엇을 위해 이 목표를 세웠는지를 반드시 생각하고 기록해보도록 합니다. 나와의 약속을 꾸준히 지켜나간다는 것은 생각보다 쉽지 않은 일입니다. 너무 거창한 목표를 세우거나, 많은 세부 목표를 세우다 보면 금세 지치기 쉬워요. 그럴 때마다 스스로에게 동기를 부여할 수 있는 장치가 필요합니다. 내가 왜 스스로에게 이런 약속을 시작하게 됐는지 환기시킬 수 있도록 '1년 살기의 WHY'를 찾고 자주 들여다보는 게 좋습니다.

목표 달성을 어떻게 측정할 것인지 미리 고려하여 계획 세우기

목표를 달성하기 위해서 월 계획을 세울 때 월말에 이 계획을 어떻게 평가할 것인지 미리 생각하는 것이 좋습니다. 계획은 잘 세웠는데 나중에 잘 지켰는지 체크할 때 평가 기준이 모호하면 성취감이 덜한 것 같아요. 결과를 수치화할 수 있는 정량적인 목표를 세우는 것이 피드백하기 좋더군요.

〈매일 40분 이상 걷기〉〈한달 생활비 70만원으로 살기〉 같은 목표는 결과를 수치화하기 좋습니다. 예를 들어 '매일 40분 이상 걷는 날이 한 달의 95% 이상이면 목표 달성'이라고 스스로 평가 기준을 잡을 수 있습니다. 한달 생활비 70만원을 목표로 잡을 때는 '생활비'의 기준을 무엇으로 할 것인지 까지 고려하면 결산하기 쉬워집니다.

계획 실행에 필요한 것들은 미리 준비!

계획을 실행하는데 필요한 일이나 도움이 될 준비물들을 어떻게 마련할지 미리 생각하는 게 좋습니다. 〈재테크 강의 2회 이상 듣기〉가 목표라면, 실제로 어떤 강의를 들을지 생각하고 목표를 잡으면 달성이 쉬워집니다. 〈매일 30분 홈트〉가 목표라면, 집 안 어느 장소에서, 어느 시간에 어떤 영상을 보며 운동을 할지 구체적으로 상상하며 계획합니다.

계획이 실제로 행동으로 이어지는 것은 그리 쉬운 일은 아닙니다. 〈한 달에 독서 10권〉이 목표라면 어떤 책 10권을 읽을 것인지 미리 리스트를 만들어보고, 구입해서 읽을지 도서관에서 빌려 읽을지 까지도 미리 생각해봅니다. 구체적인 행동 지침을 스스로 만들다 보면 계획을 실천하기 수월해집니다.

달성 과정을 시각화하고 자주 점검하기

월초에 계획을 세우고 한 번도 보지 않다가 월말이 되어 다시 목표를 꺼내보면 자책감이 몰려옵니다. 내가 언제 이런 목표를 세웠었나 싶을 정도로 낯선 것들도 있지요. 어차피 나와 하는 약속이기에 누가 뭐라 하지 않지만 스스로에게 실망할 수도 있습니다. 그래서 완성된 월 계획은 자주 들여다보는 것이 좋습니다. 매일 보는 게 좋지만 여의치 않다면 주말마다 점검할 수도 있습니다. 월 계획을 책상 앞에 붙여놓고 보거나, 핸드폰 바탕화면으로 저장하여 보거나 방법은 여러 가지입니다. 달성된 목표들은 체크해나가고 아직 남은 목표들은 남은 시간 안에 어떻게 달성할 수 있을지 곰곰이 생각하며 새로운 한 주를 맞이합니다.

목표를 달성하는 과정을 사진으로 남겨 기록하는 것도 좋은 방법 입니다. 1년 살기를 하다 보니 목표 달성률을 체크하는 것이 업무 의 연장선 같아 싫을 때가 있었어요. 그럴 때는 핸드폰으로 사진 을 찍어 비포 & 애프터를 남겨보았습니다. 〈옷장 정리하기〉 계획 을 예로 들면, 몇 벌 중 몇 벌을 버리고 몇 벌만 옷장에 다시 정리 했다고 수치화하여 남기는 것은 큰 의미가 없을 겁니다. (옷 세다 가 날 샐 지경…) 지저분한 옷장의 현재 모습 한 장 찰칵! 깨끗이 정리하고 난 뒤의 모습 한 장 찰칵! 두 장의 사진으로 뿌듯함과 속 시원함을 모두 느낄 수 있을 것입니다.

- 정리: 양혜영

나의 __9__ 월 계획

체중 1.5kg 강량	매일 먹은것 , 운동한것 기록하기
	주3회 PT + 매일 계단오르기
책 10권 읽기	일주일에 2권이상 읽기
	블로그에 서평 올리기
장롱면허 탈출	하루 20분 주차연습
	고속도로 운전 해보기
절약습관 만들기	가계부 쓰기
	110만원 생활비로 한달 살기

살은 쪽-빼고. 지식은 꽉-채우는 한달이 되자!

할수 있다! 화이팅!

나의 __9__ 월 계획 리뷰

(한 달 후에 적습니다)

성공! (2kg 감량)	매일 식단/운동기록 적고, 블로그에 사진인증!
	아파서 PT 빠진 날도 있지만 2kg 빼서 뿌듯 ♥
성공! (10권 읽기)	「내 인생의 단을 바꾼 1년」, 「마음스파」 등 10권
	서평 업로드 성공! (책 소개 유튜브 채널을 만들어 볼까?)
성공!	매일 연습은 실패, but 2주만에 주차 마스터!
	강남역까지 주행 성공 / 서울양양 고속도로 주행 성공
실패ㅠ (절약은 어려워)	매일 가계부 쓰기는 성공 했지만
	118만원 지출로 예산 초과

4가지 목표 중 3가지나 성공해 뿌듯하다!

생활비 110만원 쓰기는 실패했지만 , 지난달보다는 30만원

이상 절약했다. 목표를 세우니 꿈이 이뤄지고 있다!

조금씩 성장하는 내 모습이 대견하다 ♥

	월	화	수
__9__ 월	2 (PT) 첫 수업!	3 한강 자전거타기 (치맥 NO No!)	(PT) 개는날
TO DO LIST · PT 센터 등록 · 바디프로필 예약 · 쿠킹클래스 등록 · 글쓰기 강연듣기	9 (PT)	10 서점 데이트 💕 "나도 언젠가 작가가 되야지"	(PT)
	16 (PT) 가계부 중간점검 (42만원 지출)	17 주차연습하다 범퍼 긁힘ㅠ 하아...	강기 걸려 못감ㅠ
	23 (PT)	24 망이드는 운동복 쇼핑 🎵	(PT)
	30 (PT) 한달목표 점검의 날!		

목	금	토	일
5 프로필 스튜디오 예약!	6 (PT)가는날	7 동료 결혼식 참석 (강남까지 운전도전!)	8
12 -추	13 석	14 연	15 휴 ⟶
19 1 2kg 감량! ↘	20 (PT)	21 저탄고지 쿠킹클래스 참석 @명동, 11시	22 양양고속도로 주행성공! (식은땀 줄줄~)
26 들과 저녁약속 (이후엔 안먹기성공!)	27 (PT)	28 글쓰기 강연듣기 @광화문, 2시	29 아빠 생신 ♥ -떡케이크 +용돈준비!

__9__ 월

Re-Start!

*월
·식단
- 아침 : 사과. 우유
- 점심 : 일반밥 1/2
- 저녁 : 닭가슴살 샐러드

·운동 : PT 1시간

*화
·식단
- 아침 : 두부샐러드
- 점심 : 통밀국수 1/2
- 저녁 : 고구마. 구운야채

·운동 : 자전거 80분

*수
·식단
- 아침 : 통밀시리얼, 우유
- 점심 : 백반 1/2
- 저녁 : 생선구이

·운동 : PT 1시간

*목
·식단
- 아침 : 고구마, 두유
- 점심 : 파스타. 샐러드
- 저녁 : 닭가슴살, 구운야채

·운동 : 홈트 30분
계단오르기 2

*금
·식단
- 아침 : 사과. 우유
- 점심 : 전복죽
- 저녁 : 구운야영 50g, 샐러드

·운동 : PT 1시간

*토
·식단
- 아침 : X
- 점심 : 결혼식 뷔페
- 저녁 : 연어샐러드

·운동 X (휴식)

*일
·식단
- 아침 : 고구마. 해독주스
- 점심 : 점밥 1/2
- 저녁 : 닭가슴살 카레구이

·운동 : 홈트 30분
산책 1시

• 독서 : 「내인생의 판을 바꾼 1년」 ∿109P 읽음 • 주차연습 20분 OK • 가계부쓰기 OK	*월
• 독서 : 「내인생의 판을 바꾼 1년」 완독! • 주차연습 OK • 가계부 OK	*화 _____월
• 블로그 서평 업로드 / 「안나푸르나에서 밀크티를 　　　　　　　　　　　마시다」 ∿98P 읽음 • 주차연습 X　　• 가계부 OK	*수 Re-Start!
• 독서 : 오늘은 X • 주차연습 OK　　• 무직출테이 !	*목
• 독서 : 「안나푸르나에서 밀크티를 마시다」 　　　　　　　　　　　∿197P • 후면주차 마스터 !　　• 가계부 OK	*금
• 독서 : 「안나푸르나에서 밀크티를 마시다」 완독! • 강남역까지 운전 성공!　　• 가계부 OK	*토
• 블로그 서평 업로드 • 평행주차 20분 연습　　• 가계부 OK	*일

35

> **뿌리가 튼튼한 사람이 되기 위해 이 페이지를 읽고 계신 여러 분을 격려합니다**

♥ 나의 자존감 나이는 몇 살입니까?

나를 파악해야 전략과 방향을 짤 수 있습니다. 그러나 그 모든 것에 앞서 나의 자존감을 회복하는 것이 우선입니다. 나의 자존감 나이는 몇 살입니까? 혹시 어린아이에 머물러 있는 것은 아닌지요? 그렇다면 기억하세요. 나는 생각보다 괜찮은 사람이라는 것을요.

♥ 나는 여러 면에서 좋아질 가능성이 많은 사람입니다. 이 사실을 믿나요?

엄마는 여자와는 다른 존재인 것 같습니다. 살림도, 육아도, 때로는 남편이 또는 내가 벌어오는 알토란같은 돈으로 가족의 미래까지도 설계해야 하는 가정의 재무장관입니다. 그뿐인가요, 나의 자아발전도 함께 챙겨야지요. 어느 것 하나 소홀히 할 수 없는 것들을 얼마만큼 해내고 있는지 조용히 되돌아볼까요?

♥ 나는 원하는 미래를 꿈꾸고 이뤄낼 수 있는 사람입니다.

원래 성공하는 사람은 비범한 사람이 아니랍니다. 평범한 사람이 비범하게 해내는 것이라고 합니다. 미래를 원하는 방식으로 만들 겠다고 결심하고 하나라도 시작하는 사람이 목표를 이룰 수 있습니다. 자, 작지만 큰 발걸음을 내딛어볼까요?

♥ 꿈을 이루는 과정에서 행복은 무엇이라고 생각하세요?

내가 조금씩이라도 변화한다면 행복하겠지요? 행복은 작고 정교한 것에서부터 옵니다. 이 세상은 좋은 것으로 넘쳐나고 SNS가 발달하면서 남들에게 보여주기 위한 소비도 만만찮습니다. 나는 그 사이에 중심을 잡고 있는지 조용히 생각해봅니다.

♥ 나의 경쟁상대는 누구입니까?

나의 경쟁상대는 누구입니까? 옆집 엄마, 자녀들과 같은 학교에 다니는 학부형인가요? 아니요, 나의 경쟁상대는 어제의 나입니다. 남과 비교하지 말고 어제의 나와 오늘의 나를 비교하시길 바랍니다.

♥ 좋은 습관을 가지고 있나요? 갖고 있다면 어떤 것들이 있나요?

습관은 내가 되고 싶어 하는 사람이 되어가는 데 좋은 조력자가 될 것입니다. 습관도 노력이고 연습입니다. 지금도 늦지 않았습니다. 작은 성공의 습관들이 나를 원하는 곳에 서게 해줄 것입니다.

기독교에서는 '바라봄의 법칙'이라는 것이 있습니다. 믿는 대로 바라본 대로 된다는 것이지요. 엄마들이 소중한 아기가 찾아오면 멋진 배우들의 사진을 보면서 태교한다는 말도 있는데 이것도 비슷한 현상이 아닐까 생각합니다. 늘 반복되는 일상에 변화를 주고 싶다면 위의 질문들과 함께 나에 대해 진지하게 생각해보는 시간을 가져보는 것은 어떨까요? 나로 살아온 지 40년이 되어도 나를 완벽하게 이해하지 못하는 사람이 의외로 많습니다. 하지만 변화하고 성장하는 내가 되기 위해 내면의 나와 끊임없이 질문하고 대화한다면 분명 내가 원하는 미래의 정상은 아니더라도 그 주변까지는 도달할 수 있지 않을까요?

나에 대한 이해가 이 모든 변화의 시작이라는 점, 잊지 마세요.

오늘도 노력하고 있는 당신을 축복합니다.

- 정리: 김지혜

Question 1 —————————————————————
1년 후 오늘, 나는 어디에 있고 싶습니까?

보라카이로 떠나는 비행기 안,
일년살기 목표로 정한 '체중 10kg 강량'에 성공했다!
어제는 스튜디오에서 바다프로필 촬영도 끝마쳤다.
건강해진 나의 모습이 너무 자랑스럽다. ♥
일년살기에 성공한 나를 위해 보라카이 해변을 선물해야지!

39

나 _____ 의
1 YEAR DIARY 가
시작됩니다

* 나만의 버킷리스트를 적어보세요 *

-
-
-
-
-
-
-
-
-
-
-
-

＊ 나만의 버킷리스트를 적어보세요 ＊

-
-
-
-
-
-
-
-
-
-
-

나의 1년 계획 (기간 :   ~   )

나의 1년 계획 (기간:　　　　　~　　　　)

_____
_____
_____
_____
_____
_____
_____
_____
_____
_____
_____
_____
_____
_____
_____
_____
_____
_____

나의 1년 계획 (기간 :   ~   )

나의 1년 계획 (기간: ~   )

나의 ___ 월 계획

48

나의 ＿＿＿월 계획 리뷰

나의 ＿＿＿ 월 계획

나의 ＿＿ 월 계획 리뷰

	월	화	수
_____ 월			
TO DO LIST			

목	금	토	일

_____ 월	*월
	*화
Re-Start!	*수
	*목
	*금
	*토
	*일

54

*월

_____월

*화

*수

Re-Start!

*목

*금

*토

*일

_____ 월

Re-Start!

* 월

* 화

* 수

* 목

* 금

* 토

* 일

*월

*화   월

*수

Re-Start!

*목

*금

*토

*일

Question 1 ————————————

내 인생의 why는 무엇입니까?
내가 살아갈 수 있는 원천을 생각해봅니다.

Question 2 —————————————

1년 후 오늘, 나는 어디에 있고 싶습니까?

Question 3

1년 후 오늘, 어떤 사람들과 함께 있고 싶습니까?

Question 4 ───────────────

1년 후 오늘, 나는 어떤 일을 하고 있을까요?

나의 ＿＿＿ 월 계획

나의 ____ 월 계획 리뷰

(한 달 후에 적습니다)

나의 ____ 월 계획

나의 ____ 월 계획 리뷰

(한 달 후에 적습니다)

	월	화	수
_____ 월			
TO DO LIST			

66

목	금	토	일

	*월
_____ 월	*화
Re-Start!	*수
	*목
	*금
	*토
	*일

*월

*화 _____월

*수

Re-Start!

*목

*금

*토

*일

	*월
_____ 월	*화
Re-Start!	*수
	*목
	*금
	*토
	*일

	*월
	*화 _____월
	*수 Re-Start!
	*목
	*금
	*토
	*일

Question 5

나는 어떤 말을 들었을 때 가슴이 설렙니까?

Question 6

나는 다른 사람과 무엇이 다릅니까?

Question 7

1년 뒤에 죽는다면, 내 인생에서 무엇을 바꾸고 싶습니까?

Question 8

1년 뒤에 죽는다면, 당장 하고 싶은 5가지 버킷리스트를 적어보세요.

나의 ____ 월 계획

나의 _____ 월 계획

나의 ＿＿＿ 월 계획 리뷰   (한 달 후에 적습니다)

	월	화	수
_____ 월			
TO DO LIST			

목	금	토	일

_____ 월

Re-Start!

*월

*화

*수

*목

*금

*토

*일

*월

_____월

*화

*수

Re-Start!

*목

*금

*토

*일

	*월
_____ 월	*화
Re-Start!	*수
	*목
	*금
	*토
	*일

84

*월

*화
_____월

*수
Re-Start!

*목

*금

*토

*일

Question 9

내가 사랑하는 사람들이 나를 어떻게 기억해주었으면 좋겠습니까?

Question 10 ─────────────

내 인생에서 가장 소중한 것들은 무엇입니까?

Question 11

어제 하루 최선을 다하였나요? (부족했던 점은? 아쉬웠던 점은?)

Question 12 ──────────────────

다른 사람과 가장 많은 대화를 하는 주제는 무엇인가요?

나의 ＿＿＿ 월 계획

나의 ＿＿＿ 월 계획

나의 ＿＿＿ 월 계획 리뷰

(한 달 후에 적습니다)

	월	화	수
_____ 월			
TO DO LIST			

목	금	토	일
			일

_____ 월

Re-Start!

* 월

* 화

* 수

* 목

* 금

* 토

* 일

*월

*화 _____월

*수

Re-Start!

*목

*금

*토

*일

_____ 월

Re-Start!

*월

*화

*수

*목

*금

*토

*일

*월

*화 _____월

*수

Re-Start!

*목

*금

*토

*일

Question 13

내가 가장 소중하게 생각하는 것은 무엇인가요? (가치, 덕목)

Question 14

어린 시절의 보물상자를 찾아보세요. 무엇을 담고 싶습니까?

Question 15 ————————————

나의 아이에게 어떤 인생 조언을 해주고 싶습니까?

Question 16

살아오면서 가장 기억에 남는 일은 무엇인가요?

나의 ____ 월 계획

나의 ____ 월 계획 리뷰

(한 달 후에 적습니다)

나의 ____ 월 계획

	월	화	수
_____ 월			
TO DO LIST			

목	금	토	일

_____ 월

Re-Start!

*월

*화

*수

*목

*금

*토

*일

*월

*화   월

*수

Re-Start!

*목

*금

*토

*일

_____ 월 Re-Start!	*월
	*화
	*수
	*목
	*금
	*토
	*일

*월

*화   _____월

*수

Re-Start!

*목

*금

*토

*일

Question 17

최근 한 달, 내 건강을 위해 나는 무엇을 하고 있나요?

Question 18

나만을 위한 요리를 한 적이 언제입니까?

Question 19

아침에 일어나서 거울을 보며 무슨 생각을 했나요?

Question 20 —————————————————————
나를 위한 보상을 해본 적은 언제입니까?

나의 ____ 월 계획

나의 ____ 월 계획 리뷰

나의 ____ 월 계획

나의 ____ 월 계획 리뷰

	월	화	수
<u>　　　　</u> 월			
TO DO LIST			

목	금	토	일

	*월
____ 월	*화
Re-Start!	*수
	*목
	*금
	*토
	*일

*월

*화   ____월

*수

Re-Start!

*목

*금

*토

*일

	*월
_____ 월	*화
Re-Start!	*수
	*목
	*금
	*토
	*일

126

	*월	
	*화	____월
	*수	Re-Start!
	*목	
	*금	
	*토	
	*일	

Question 21

오늘 하루 부모님, 배우자, 자녀를 위해 어떤 일을 할 수 있을까요?

Question 22

내가 생각하는 아름다운 이별은 어떤 것입니까?

Question 23

나에게 돈이란 어떤 존재입니까?

Question 24 ————————————————

생각만 해도 웃음이 나오는 일은 무엇인가요?

나의 ＿＿＿ 월 계획

나의 _____ 월 계획 리뷰

(한 달 후에 적습니다)

나의 ____월 계획

나의 ＿＿ 월 계획 리뷰

(한 달 후에 적습니다)

	월	화	수
_____ 월			
TO DO LIST			

136

목	금	토	일

_____ 월	*월
	*화
Re-Start!	*수
	*목
	*금
	*토
	*일

*월

*화　　　＿＿＿월

*수

Re-Start!

*목

*금

*토

*일

139

_____ 월	*월
	*화
Re-Start!	*수
	*목
	*금
	*토
	*일

*월

*화 _____ 월

*수

Re-Start!

*목

*금

*토

*일

Question 25

1년 전 오늘과 현재의 나, 무엇이 달라졌나요?

나를 동물로 표현한다면 어떤 동물일까요?

Question 27

최근에 나 자신을 위해 소비한 것이 있다면 무엇인가요?

Question 28 ───────────────────

가장 최근 가족과 함께 밥을 먹으며 어떤 이야기를 나누었나요?

나의 _____ 월 계획

나의 ＿＿ 월 계획 리뷰

(한 달 후에 적습니다)

나의 ____ 월 계획

나의 ____ 월 계획 리뷰

(한 달 후에 적습니다)

	월	화	수
월			
TO DO LIST			

150

목	금	토	일

_____ 월

Re-Start!

*월

*화

*수

*목

*금

*토

*일

*월

_____월

*화

*수

Re-Start!

*목

*금

*토

*일

	*월
_____ 월	*화
Re-Start!	*수
	*목
	*금
	*토
	*일

154

*월

*화

*수

Re-Start!

*목

*금

*토

*일

Question 29

내 인생에서 좀더 줄여나가야 할 것은 무엇인가요?

Question 30

가장 최근에 나를 울게 만든 일은 무엇인가요?

Question 31

앞으로 10년 후, 나의 모습은 어떻게 변해 있을까요?

Question 32

요즘 내가 가장 시간을 많이 쓰는 일은 무엇인가요?
그 일은 내게 의미 있는 일인가요?

나의 ＿＿＿ 월 계획

나의 ＿＿＿월 계획 리뷰

(한 달 후에 적습니다)

나의 ____ 월 계획

나의 ＿＿＿월 계획 리뷰   (한 달 후에 적습니다)

	월	화	수
_____ 월			
TO DO LIST			

목	금	토	일

_____ 월	*월
	*화
Re-Start!	*수
	*목
	*금
	*토
	*일

*월

*화   ＿＿＿월

*수

Re-Start!

*목

*금

*토

*일

167

	*월
	*화
_____월	
Re-Start!	*수
	*목
	*금
	*토
	*일

168

	*월	_____월
	*화	
	*수	Re-Start!
	*목	
	*금	
	*토	
	*일	

Question 33

어떨 때 내가 예뻐 보이나요?
(평소에 스스로를 예쁘게 바라보나요?)

Question 34

다른 사람에게 도움이 되는 나의 재능은 무엇인가요?
(그 재능을 묵히지 마세요)

Question 35
내 인생의 키워드 세 가지를 꼽아본다면?

Question 36 ————————————————

좋아하는 일과 잘하는 일 중 무엇을 따르시겠습니까?

나의 ＿＿＿ 월 계획

나의 ＿＿＿ 월 계획 리뷰   (한 달 후에 적습니다)

나의 _____ 월 계획

177

	월	화	수
_____ 월			
TO DO LIST			

178

목	금	토	일

	*월
_____ 월	*화
Re-Start!	*수
	*목
	*금
	*토
	*일

*월

*화   _____월

*수

Re-Start!

*목

*금

*토

*일

_____ 월	* 월
	* 화
Re-Start!	* 수
	* 목
	* 금
	* 토
	* 일

*월

*화 　＿＿＿월

*수

Re-Start!

*목

*금

*토

*일

Question 37 ————————————
지금의 내가 17살의 나에게 편지를 써볼까요?

Question 38

해야 하는 것과 하고 싶은 것은 각각 무엇입니까?

Question 39
내 인생에 영향을 준 책은 무엇인가요?

Question 40

나답다는 것은 무엇일까요?

나의 ____ 월 계획

189

나의 ___ 월 계획

나의 ＿＿＿ 월 계획 리뷰

(한 달 후에 적습니다)

191

	월	화	수
_____ 월			
TO DO LIST			

목	금	토	일

_____ 월

Re-Start!

*월

*화

*수

*목

*금

*토

*일

*월

*화 _____월

*수

Re-Start!

*목

*금

*토

*일

_____ 월

Re-Start!

*월

*화

*수

*목

*금

*토

*일

* 월

* 화 _____월

* 수

Re-Start!

* 목

* 금

* 토

* 일

Question 41

무엇이든 할 수 있는 1시간이 주어진다면 무엇을 하고 싶은가요?

Question 42

화가 날 때 나만의 해소 방법은 무엇입니까?

Question 43

내가 누군가의 멘토가 되어야 한다면 어떤 모습이고 싶은가요?

Question 44

최근 작지만 소소한 행복을 가져다준 것은 무엇인가요?

나의 ____ 월 계획

나의 _____ 월 계획 리뷰

(한 달 후에 적습니다)

203

나의 ＿＿＿ 월 계획

나의 ____월 계획 리뷰

(한 달 후에 적습니다)

205

	월	화	수
_____ 월			
TO DO LIST			

206

목	금	토	일

_____ 월

Re-Start!

*월

*화

*수

*목

*금

*토

*일

*월

_____월

*화

*수

Re-Start!

*목

*금

*토

*일

_____월	*월
	*화
Re-Start!	*수
	*목
	*금
	*토
	*일

*월

*화   _____월

*수

Re-Start!

*목

*금

*토

*일

Question 45

올 한해 내 인생의 별점을 매긴다면?

Question 46 ――――――――――――――――
요즘 내 머릿속을 지배하는 생각은 무엇인가요? 왜 그런가요?

Question 47

나의 인생에서 감사한 일은 무엇인가요?

Question 48 —————————————————
주변 사람들에게 선언하고 싶은 말이 있다면?

1년 계획 리뷰

1년 계획 리뷰

다시, 1년 계획

다시, 1년 계획

2019년 설 연휴 마지막 날이었습니다.

1월 목표 피드백, 2월 목표 작성, 그리고 책도 읽기 위해 동네 카페에서 햇살 좋은 자리를 차지하고 앉았습니다. 가방에서 노트북과 책을 꺼내는데 책 사이에서 종이 한 장이 삐죽 고개를 내밉니다. 낯선 종이에는 〈2018년 이루고 싶은 10가지 목표〉라는 제목이 적혀 있었습니다. 2017년 끝자락 어느 강의에서 새해 목표를 적어보라고 했던 기억이 납니다. 지금은 목표 20개도 적을 수 있는데, 그땐 10개 적는 것도 어려웠는지 겨우 적은 6개마저도 연필로 희미하게 써둔 걸 보니 피식 웃음이 새어 나왔습니다. 그런데 내용을 읽어 보던 중 온몸에 전율이 일었습니다. 희미하게 적힌 6개 목표 중 4개를 완벽하게 이뤘고 한 가지는 진행 중이었습니다.

당시에는 목표로 잡으면서도 어려울 거라 생각했던 것인데, 대부분 해낸 것이죠. 적어보지 않았다면, 다시 들춰보지 않았다면 몰랐을 특별한 경험이었습니다.

이 글을 쓰는 지금, 1년 살기를 시작하고 딱 1년이 지났습니다. 처음 계획을 세울 때에는 이걸 과연 할 수 있을까 반신반의하며 써

내려갔지만, 매달 목표를 세우며 지냈던 1년을 돌아보니, 한 달 한 달을 얼마나 소중하고 의미 있게 살았는지 확인할 수 있었습니다. 눈코 뜰 새 없이 바빴던 순간에도 짬을 내서 책을 읽었고, 가족과 추억을 만들었고, 어떤 달은 슬럼프에 빠졌지만 금방 딛고 일어섰답니다.

비록 계획대로 완벽하진 않았지만, 소중한 가치를 고민하고 꿈과 목표를 적어 수시로 돌아봤기에 크고작은 도전도 할 수 있었던 1년이었습니다.

저 뿐 아니라 당신도 인생에 다시없을 소중한 1년을 살았습니다. 이렇게 만든 1년 1년이 쌓여 삶이 됩니다. 그래서 우리의 다음 1년이 또 기대됩니다. 이제 다시, 시작입니다. 더 큰 꿈을 꾸고 있을 당신의 멋진 다음 1년을 응원합니다.

- '내 인생에 다시없을 1년 살기' 프로젝트 팀 드림

김여나 (퀸스드림) : '내 인생에 다시없을 1년 살기' 모임 리더. 일본계 다국적 기업에서 골드미스로 커리어를 쌓다가 결혼, 출산과 함께 경력단절을 겪지만 '1년 살기'를 통해서 일을 찾았다. 나만의 성공이 아닌, 여럿의 성공, 함께하는 성공을 만들어내는 것을 비전으로 삼아 '사람들에게 영감을 불어넣어 신나게 일할 수 있도록 돕는 일'을 사명으로 하고 있다. 여나(여성나눔) 커리어 코칭센터 대표.

이지영 (복선생) : 현직 14년차 초등교사. 삼남매의 맏딸. 장손며느리. 세 아이의 엄마. 주말부부. 숨 막히는 타이틀 속에서도 매일을 긍정하며 특별하게 살아가는 복선생. 모든 것을 다 잘하려고 하지 않으니 다 할 수 있다는 그녀의 말처럼 늘 많은 역할을 감당하라 종종걸음으로 뛰어다니지만, 즐겁고 유쾌한 그녀가 있는 곳은 늘 기쁨이 넘친다.

김지혜 (연꽃 만난 바람처럼) : 발레리나가 될 거라 믿어 의심치 않다가 십자인대 파열로 방황, 엉뚱하게 미스코리아 대회에 나가 미스코리아가 되었다. 이후 아나운서로 사회생활을 시작해 야당 부대변인으로 활동하기도 했다. 운명처럼 비행기 옆자리에서 만난 남자와 결혼해 아들 딸 낳고 알콩달콩 살고 있지만 인생의 새로운 반전을 꿈꾸는 중이다.

오현정 (바이헬렌) : 육아와 삶의 밸런스를 찾기 위해 디자인 회사를 퇴사하고 돈 안 돼도 재미있고 가치있는 일을 찾아가는 7살 개구장이 아들 엄마. 아이와 함께 성장하겠다며 짬나는 시간에 부지런히 돌아다니는 지금이야말로 인생의 황금기라고 말한다. 하고 싶은 것과 해야 하는 것 안에서 자신만의 속도로 부지런히 꿈을 찾아가는 중이다.

이주영 (순간) : 프리랜서 웹개발자. '변화'에 앞서 나를 먼저 알아야 한다는 걸 깨닫고 나깨순(나를 깨우는 순간) 프로젝트 운영. 하고 싶은 일을 하며 살 수 있다고 6살 딸에게 몸소 보여주기 위해 꿈을 향해 달리고 있다. 아이만 키우는 것이 아니라 엄마로서 동반성장하고 있는 지금이 가장 행복하다.

유해주 (라마) : 면세점 취업계의 개척자. 10여 년의 직장생활을 하며 오랜 방황 끝에 꿈을 찾고 달리려는 찰나 육아와 건강문제로 잠시 쉬어가는 중인 4살 아들 엄마. 그럼에도 불구하고 늘 밝은 미소와 긍정의 에너지를 뿜어내며 엄마로서 뿐만 아니라 여성으로서도 멋진 삶을 계획하고 있다.

양혜영 (하이영) : 세 살까진 엄마가 키워야 한다는 정설(?)을 너무 믿은 나머지 승진을 코앞에 두고 10년 다닌 회사를 퇴사해버린 자발적 경단녀. 새로운 목표에 도전하고 있다.

조민정 (하얀눈썹) : 16년째 중국과 교류 중인 중국 연구가. 워킹맘으로 좌충우돌하던 시절 1년 살기를 만났다. 구글이나 애플만큼 직원에 대한 대우가 좋은 회사라는 사장님의 말씀에 증명이라도 하듯, 잦은 잔병치레로 어린이집과 병원, 회사를 전전긍긍하지만, 그 와중에도 자신을 사랑하는 법을 놓지 않는 그녀다. 여전히 눈 밑은 퀭하지만 매사 즐겁게 도전 중이다.